Impressum
Verlag: BABADADA GmbH, Nedderfeld 112 , 22529 Hamburg
Geschäftsführer / Verlagsleitung: Harald Hof
Druck: Books on Demand GmbH, In de Tarpen 42, 22848 Norderstedt

Imprint
Publisher: BABADADA GmbH, Nedderfeld 112 , 22529 Hamburg, Germany
Managing Director / Publishing direction: Harald Hof
Print: Books on Demand GmbH, In de Tarpen 42, 22848 Norderstedt, Germany

школа
Šola

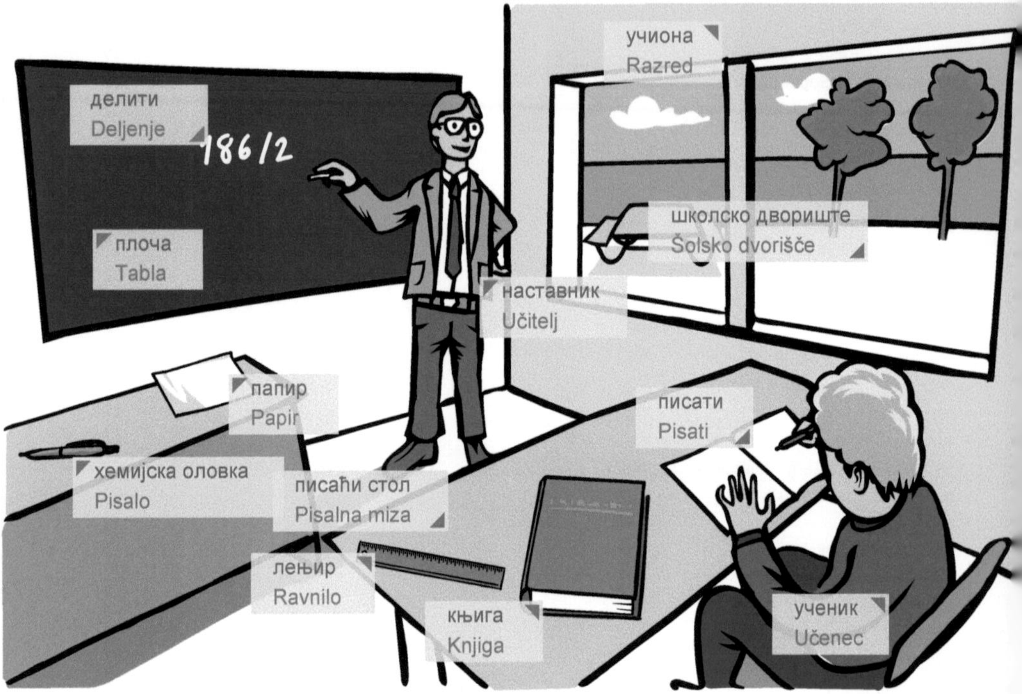
учиона
Razred
делити
Deljenje
186/2
плоча
Tabla
школско двориште
Šolsko dvorišče
наставник
Učitelj
папир
Papir
писати
Pisati
хемијска оловка
Pisalo
писаћи стол
Pisalna miza
лењир
Ravnilo
књига
Knjiga
ученик
Učenec

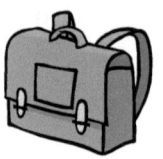

торба

Šolska torba

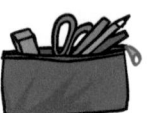

перница

Peresnica

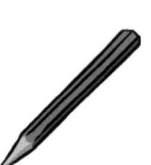

графитна оловка

Svinčnik

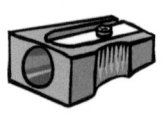

шиљило за оловке

Šilček

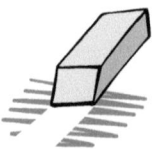

гумица за брисање

Radirka

блок за цртање

Risalni blok

цртеж
....
Risba

кист
....
Čopič

кутија са бојама
....
Vodene barvice

маказе
....
Škarje

лепило
....
Lepilo

бележница
....
Zvezek

домаћи задатак
....
Domača naloga

број
....
Število

сабирати
....
Seštevanje

одузимати
....
Odštevanje

множити
....
Množenje

рачунати
....
Računanje

слово
....
Črka

абецеда
....
Abeceda

реч
....
Beseda

текст

Besedilo

читати

Brati

креда

Kreda

час

Učna ura

дневник

Redovalnica

испит

Preizkus znanja

сведочанство

Spričevalo

школска униформа

Šolska uniforma

образовање

Izobrazba

лексикон

Enciklopedija

универзитет

Univerza

микроскоп

Mikroskop

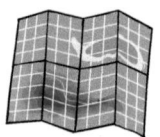

карта

Zemljevid

кошара за папир

Koš za smeti

путовање
Potovanje

Grand
хотел
Hotel
преноћиште
Hostel
ROOMS
мењачница
Menjalnica
кофер
Kovček
ауто
Avtomobil

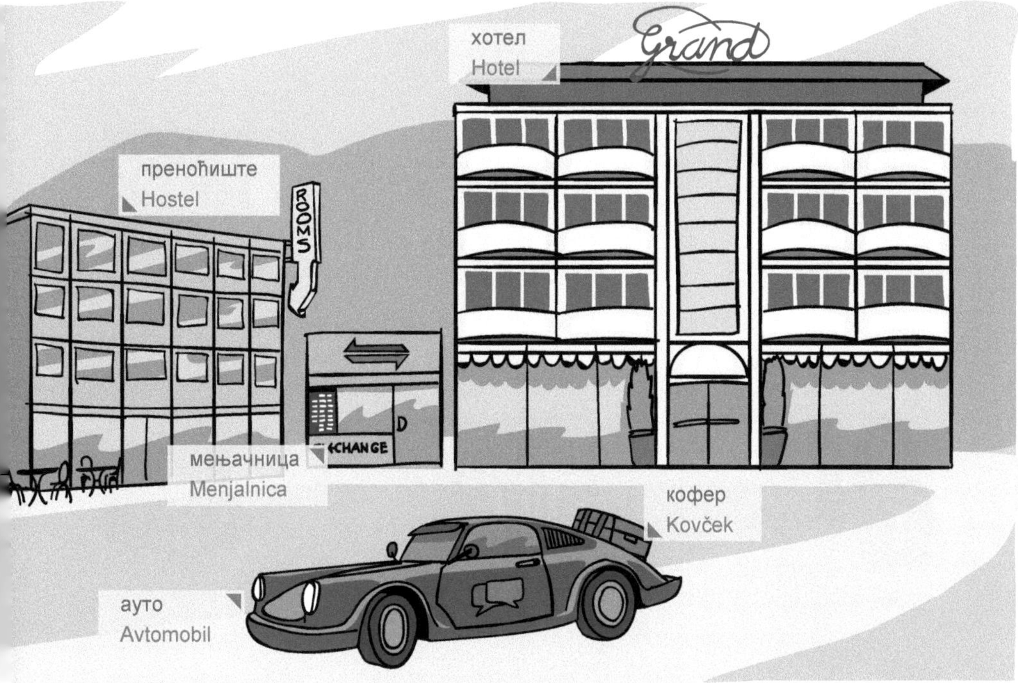

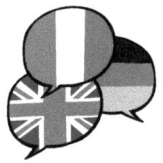

језик

Jezik

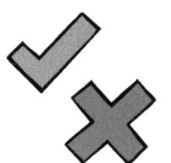

да / не

da / ne

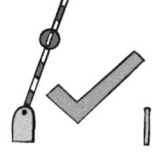

океј

Prav

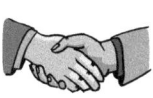

здраво

Pozdravljeni

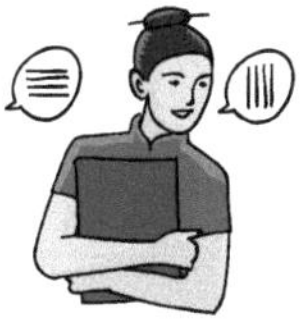

преводилац

Prevajalec

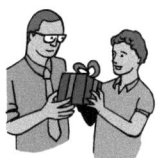

хвала

Hvala

Колико кошта…?

Koliko stane…?

не разумем

Ne razumem

проблем

Težava

добро вече!

Dober večer!

Добро јутро!

Dobro jutro!

Лаку ноћ!

Lahko noč!

довиђења

Nasvidenje

смер

Smer

пртљага

Prtljaga

торба

Torba

руксак

Nahrbtnik

гост

Gost

соба

Soba

вреҕа за спавање

Spalna vreča

шатор

Šotor

туристичке информације

Turistične informacije

плажа

Plaža

кредитна картица

Kreditna kartica

доручак

Zajtrk

ручак

Kosilo

вечера

Večerja

карта за вожњу

Vozovnica

лифт

Dvigalo

поштанска маркица

Znamka

граница

Meja

царина

Carina

амбасада

Veleposlaništvo

виза

Vizum

пасош

Potni list

транспорт

Prevoz

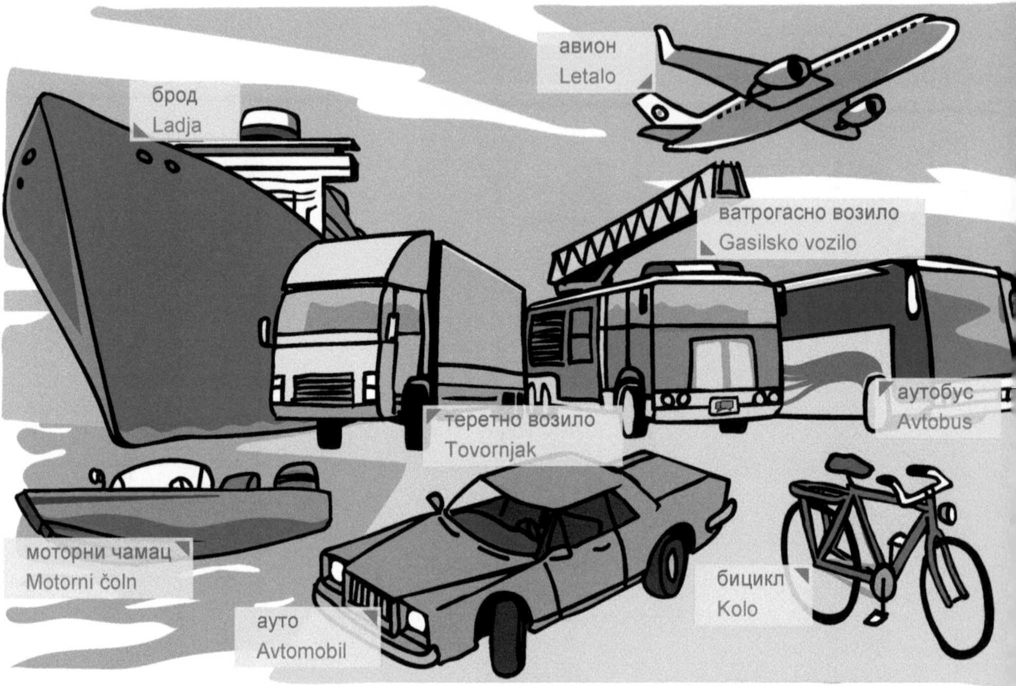

авион
Letalo
брод
Ladja
ватрогасно возило
Gasilsko vozilo
аутобус
Avtobus
теретно возило
Tovornjak
моторни чамац
Motorni čoln
бицикл
Kolo
ауто
Avtomobil

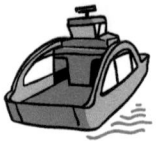

трајект

Trajekt

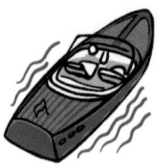

чамац

Čoln

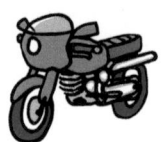

мотоцикл

Motorno kolo

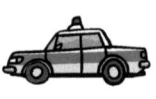

полицијски ауто

Policijski avto

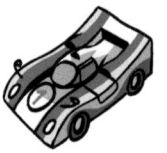

тркаћи ауто

Dirkalni avto

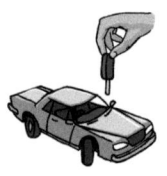

изнајмљено ауто

Najeto vozilo

дељење аутомобила

Souporaba avtomobila

вучно возило

Avtovleka

возило за одвоз смећа

Smetarsko vozilo

мотор

Motor

бензин

Gorivo

бензинска станица

Bencinska postaja

саобраћајни знак

Prometni znak

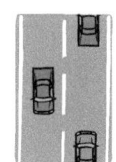

саобраћај

Promet

застој

Zastoj

паркиралиште

Parkirišče

железничка станица

Železniška postaja

шине

Tirnice

воз

Vlak

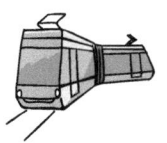

трамвај

Tramvaj

вагон

Vagon

хеликоптер

Helikopter

аеродром

Letališče

кула

Stolp

путник

Potnik

контејнер

Kontejner

картон

Karton

колица

Voziček

корпа

Košara

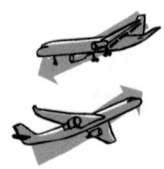

узлетети / слетети

vzleteti / pristati

град

Mesto

село

Vas

центар града

Mestno jedro

кућа

Hiša

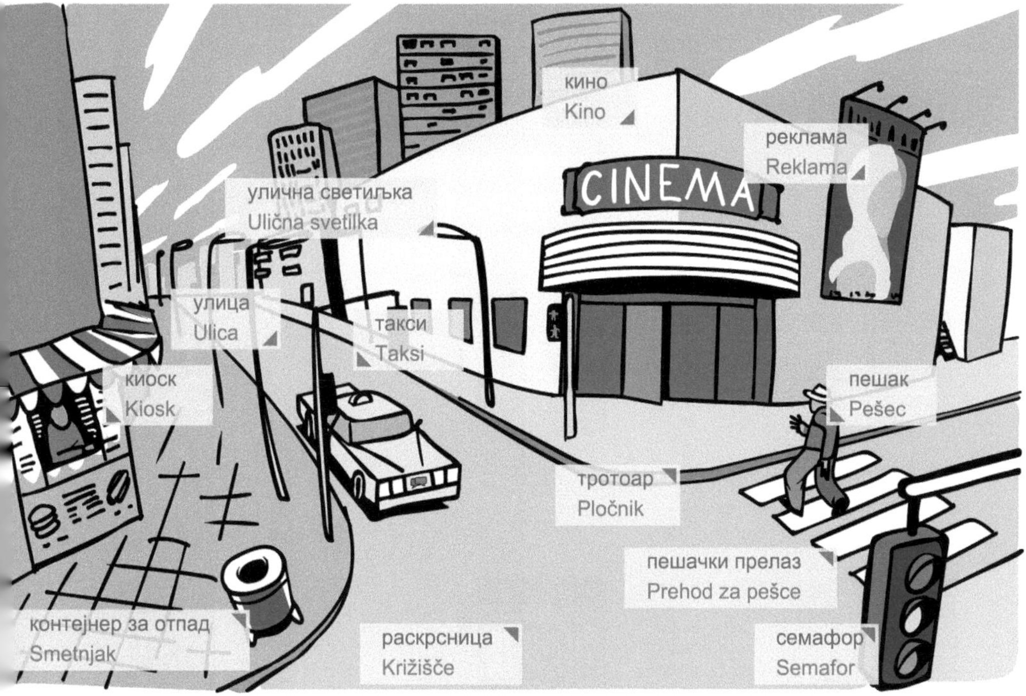

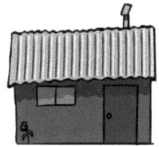

кино
Kino
реклама
Reklama
CINEMA
улична светиљка
Ulična svetilka
улица
Ulica
такси
Taksi
киоск
Kiosk
пешак
Pešec
тротоар
Pločnik
пешачки прелаз
Prehod za pešce
контејнер за отпад
Smetnjak
раскрсница
Križišče
семафор
Semafor

колиба

Koča

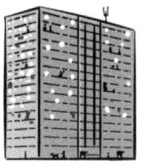

стан

Stanovanje

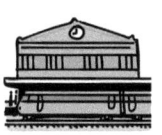

железничка станица

Železniška postaja

већница

Mestna hiša

MUSEUM

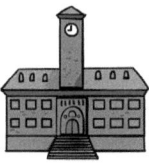

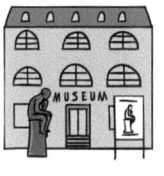

музеј

Muzej

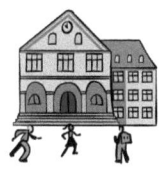

школа

Šola

универзитет

Univerza

банка

Banka

болница

Bolnišnica

хотел

Hotel

апотека

Lekarna

канцеларија

Pisarna

књижара

Knjigarna

продавница

Trgovina

цвећара

Cvetličarna

супермаркет

Supermarket

трг

Tržnica

робна кућа

Veleblagovnica

рибарница

Ribarnica

трговачки центар

Nakupovalno središče

лука

Pristanišče

парк
Park

клупа
Klop

мост
Most

степенице
Stopnice

подземна железница
Podzemna železnica

тунел
Predor

аутобуска станица
Avtobusno postajališče

бар
Bar

ресторан
Restavracija

поштанско сандуче
Poštni nabiralnik

улични знак
Ulična tabla

паркирни аутомат
Parkirna ura

зоолошки врт
Živalski vrt

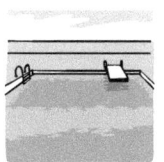

базен
Kopališče

џамија
Mošeja

сеоско газдинство

Kmetija

загађење околине

Onesnaževanje

гробље

Pokopališče

црква

Cerkev

игралиште

Otroško igrišče

храм

Tempelj

пејсаж
Pokrajina

лист
List

путоказ
Kažipot

пут
Pot

ливада
Travnik

камен
Kamen

дрво
Drevo

шетач
Pohodnik

река
Reka

трава
Trava

цвет
Cvetlica

долина

Dolina

планина

Hrib

језеро

Jezero

шума

Gozd

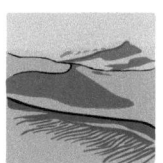

пустиња

Puščava

вулкан

Vulkan

дворац

Grad

дуга

Mavrica

гљива

Goba

палма

Palma

москито

Komar

мува

Muha

мрав

Mravlja

пчела

Čebela

паук

Pajek

буба
....
Hrošč

жаба
....
Žaba

веверица
....
Veverica

јеж
....
Jež

зец
....
Zajec

сова
....
Sova

птица
....
Ptič

лабуд
....
Labod

дивља свиња
....
Divji prašič

јелен
....
Jelen

лос
....
Los

насип
....
Jez

ветрењача
....
Vetrnica

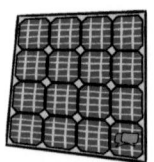

соларна плоча
....
Solarna plošča

клима
....
Podnebje

ресторан
Restavracija

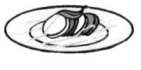

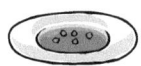

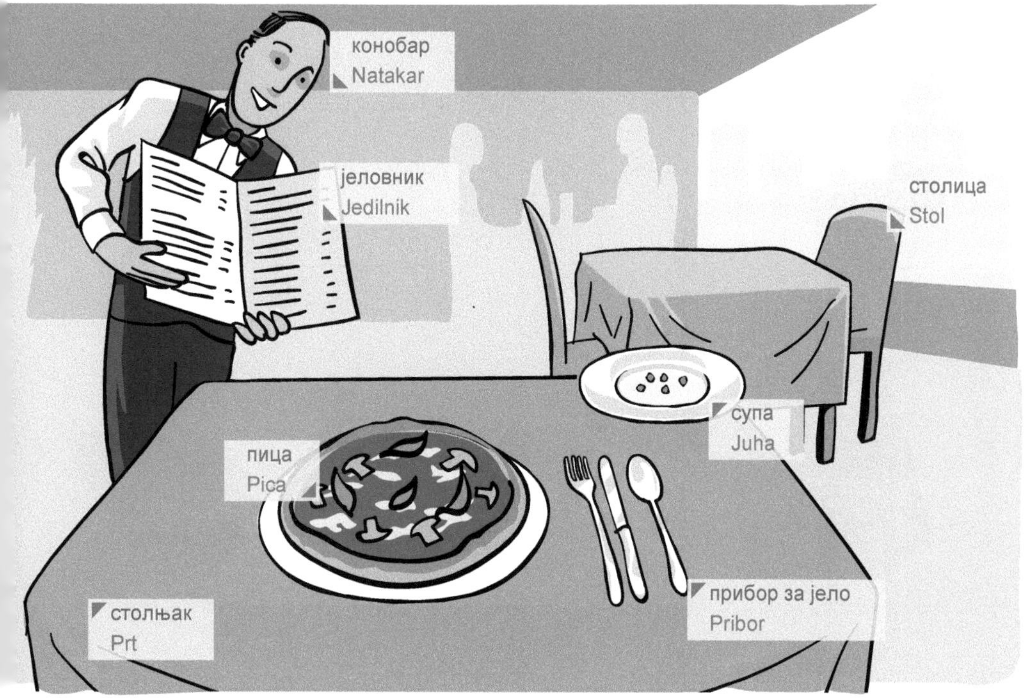

конобар
Natakar
јеловник
Jedilnik
столица
Stol
супа
Juha
пица
Pica
прибор за јело
Pribor
столњак
Prt

предјело

Predjed

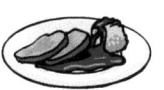

главно јело

Glavna jed

десерт

Sladica

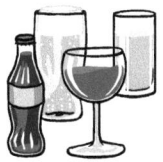

напитци

Pijače

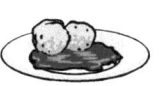

јело

Hrana

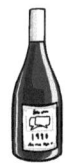

флаша

Steklenica

брза храна

Hitra hrana

имбис храна

Ulična hrana

чајник

Čajnik

доза за шећер

Sladkornica

порција

Porcija

апарат за еспресо

Aparat za espresso

висока столица

Stolček za hranjenje

рачун

Račun

послужавник

Pladenj

нож

Nož

виљушка

Vilica

кашика

Žlica

чајна кашика

Čajna žlička

салвета

Servieta

чаша

Kozarec

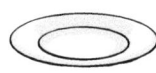

тањир
....
Krožnik

тањир за супу
....
Globoki krožnik

тањирић
....
Krožniček

сос
....
Omaka

сољенка
....
Solnica

млин за бибер
....
Mlinček za poper

сирће
....
Kis

уље
....
Olje

зачини
....
Začimbe

кечап
....
Kečap

сенф
....
Gorčica

мајонеза
....
Majoneza

супермаркет
Supermarket

понуда
Posebna ponudba
FOR
купац
Stranka
млечни производи
Mlečni izdelki
воће
Sadje
колица за куповину
Nakupovalni voziček

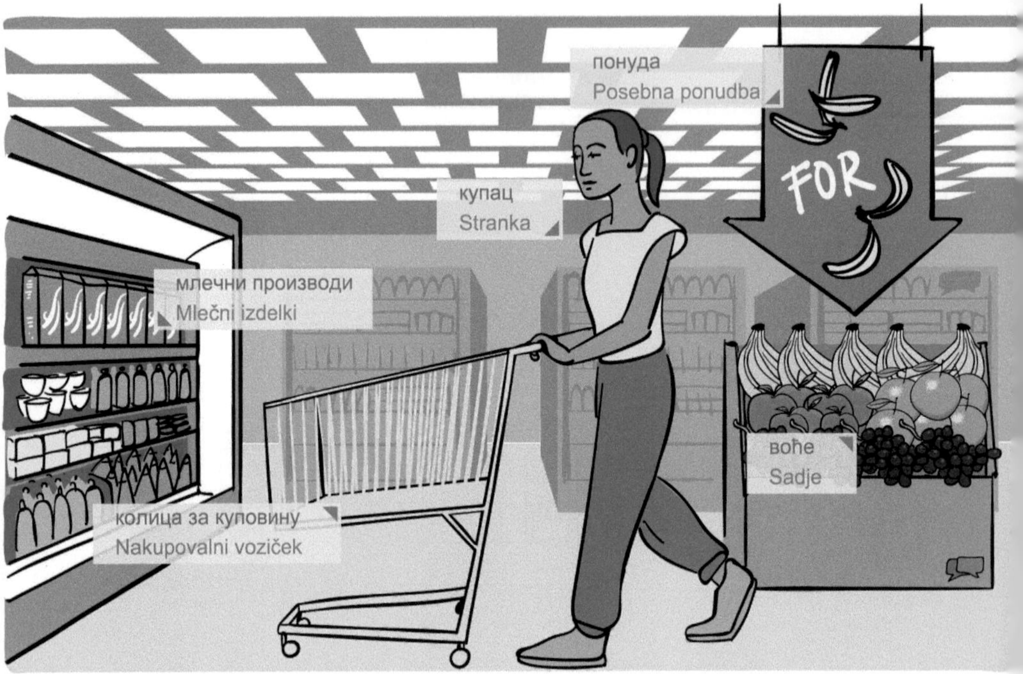

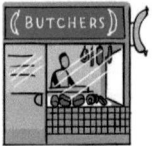

BUTCHERS

месница

Mesnica

BAKERY

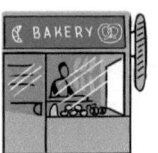

пекара

Pekarna

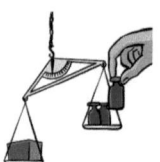

вагати

Tehtati

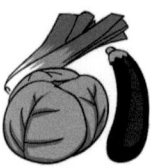

поврће

Zelenjava

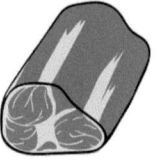

месо

Meso

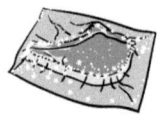

смрзнута храна

Zamrznjena hrana

нарезак

Hladne mesnine

конзерве

Konzerve

средство за прање

Pralni prašek

слаткиши

Sladkarije

артикли за домаћинство

Gospodinjski izdelki

средства за чишћење

Čistilno sredstvo

продавачица

Prodajalka

благајна

Blagajna

благајник

Blagajnik

листа за куповину

Nakupovalni seznam

време рада

Delovni čas

новчаник

Denarnica

кредитна картица

Kreditna kartica

торба

Torba

пластична кеса

Plastična vrečka

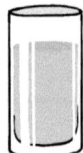

вода

Voda

сок

Sok

млеко

Mleko

кола

Kola

вино

Vino

пиво

Pivo

алкохол

Alkohol

какао

Kakav

чај

Čaj

кава

Kava

еспресо

Espresso

капучино

Kapučino

банана

Banana

јабука

Jabolko

наранџа

Pomaranča

лубеница

Lubenica

лимун

Limona

шаргарепа

Korenje

бели лук

Česen

бамбус

Bambus

лук

Čebula

гљива

Goba

орашасти плодови

Oreščki

резанци

Rezanci

шпагете

Špageti

рижа

Riž

салата

Solata

помфрит

Ocvrt krompirček

печени крумпир

Pečen krompir

пица

Pica

хамбургер

Hamburger

сендвич

Sendvič

шницла

Zrezek

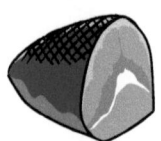

шунка

Šunka

салама

Salama

кобасица

Klobasa

кокош

Piščanec

печење

Pečenka

риба

Riba

зобене пахуљице

Ovseni kosmiči

мусли

Musli

кукурузне пахуљице

Koruzni kosmiči

брашно

Moka

кроасан

Rogljiček

пециво

Žemlja

хлеб

Kruh

тоаст

Prepečenec

кекси

Piškoti

маслац

Maslo

свежи сир

Skuta

колач

Torta

jaje

Jajce

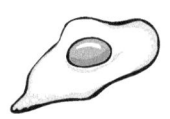

jaje на око

Pečeno jajce na oko

сир

Sir

сладолед

Sladoled

шећер

Sladkor

мед

Med

мармелада

Marmelada

нугат крема

Čokoladni namaz

кари

Kari

сеоско газдинство
Kmetija

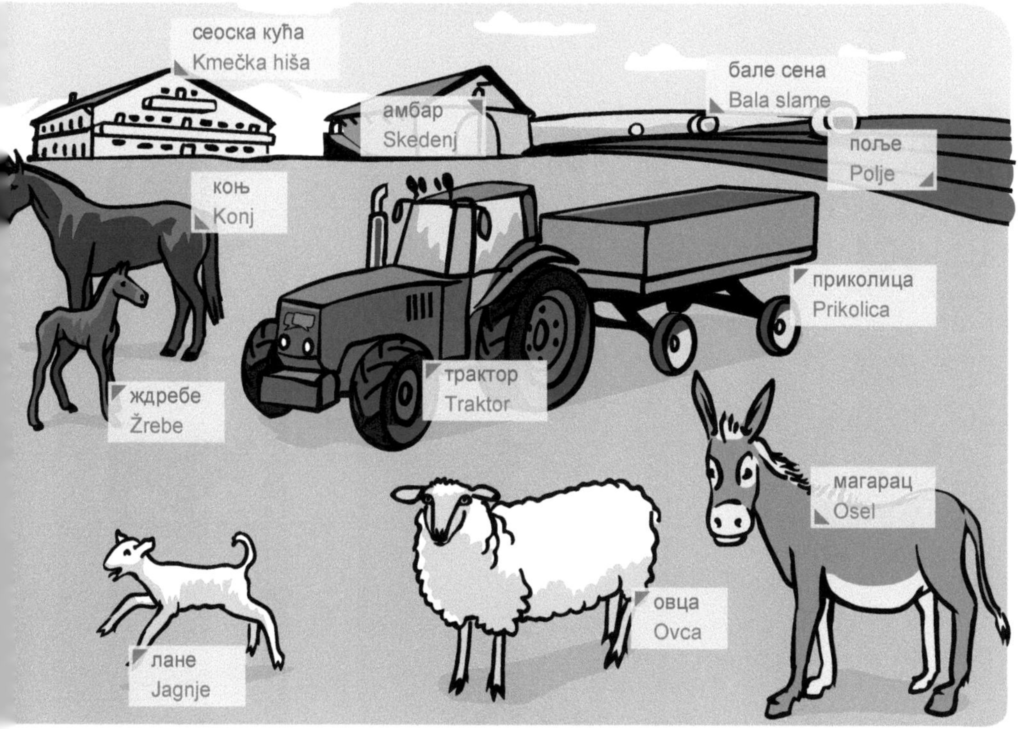
сеоска кућа
Kmečka hiša
амбар
Skedenj
бале сена
Bala slame
поље
Polje
коњ
Konj
приколица
Prikolica
ждребе
Žrebe
трактор
Traktor
магарац
Osel
овца
Ovca
лане
Jagnje

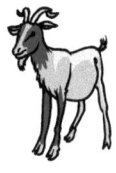

коза

Koza

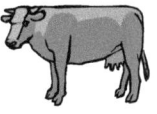

крава

Krava

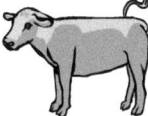

теле

Tele

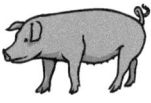

свиња

Prašič

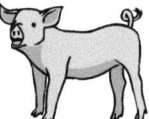

прасе

Pujsek

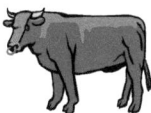

бик

Bik

гуска
Gos

патка
Raca

пилићи
Piščanec

кокош
Kokoš

петао
Petelin

пацов
Podgana

мачка
Mačka

миш
Miš

вол
Vol

пас
Pes

кућица за пса
Pasja uta

вртно црево
Cev za zalivanje

канта за поливање
Kangla za zalivanje

коса
Kosa

плуг
Plug

срп

Srp

мотика

Motika

виљушка за ђубриво

Vile

секира

Sekira

тачке

Samokolnica

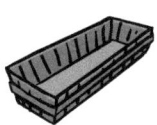

корито

Korito

посуда за млеко

Kangla za mleko

врећа

Vreča

ограда

Ograja

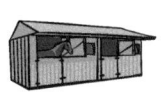

штала

Hlev

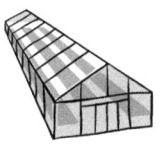

стакленик

Rastlinjak

земља

Prst

семе

Seme

ђубриво

Gnojilo

комбајн

Kombajn

жети
Žeti

жетва
Žetev

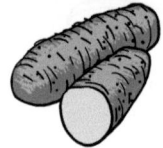

јамс зачин
Jam

пшеница
Pšenica

соја
Soja

крумпир
Krompir

кукуруз
Koruza

уљана репица
Oljna ogrščica

воћка
Sadno drevo

гомољ маниоке
Maniok

житарице
Žito

кућа
Hiša

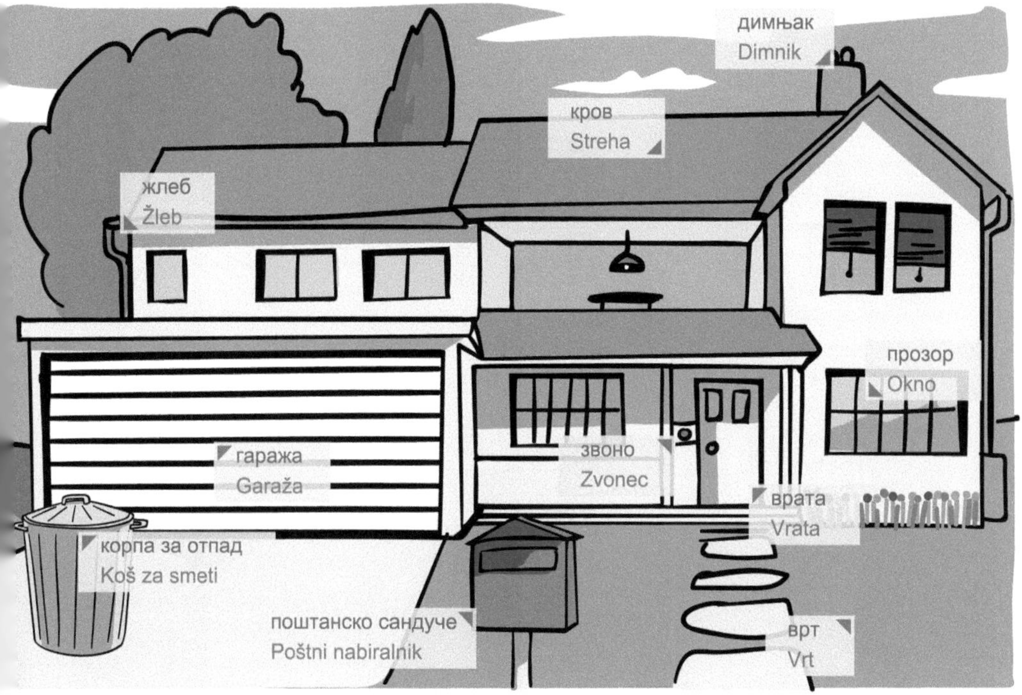

димњак
Dimnik
кров
Streha
жлеб
Žleb
прозор
Okno
звоно
Zvonec
гаража
Garaža
врата
Vrata
корпа за отпад
Koš za smeti
поштанско сандуче
Poštni nabiralnik
врт
Vrt

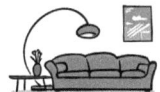

дневна соба

Dnevna soba

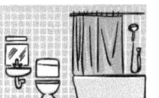

купаоница

Kopalnica

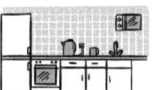

кухиња

Kuhinja

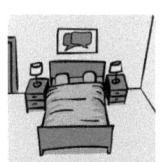

спаваћа соба

Spalnica

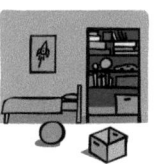

дечија соба

Otroška soba

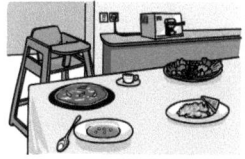

трпезарија

Jedilnica

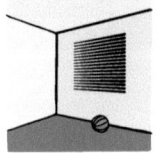

под
Tla

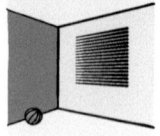

зид
Stena

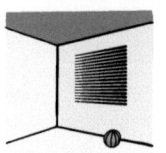

строп
Strop

подрум
Klet

сауна
Savna

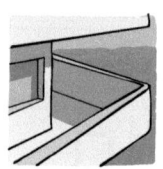

балкон
Balkon

тераса
Terasa

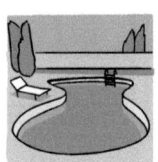

базен
Bazen

косилица за траву
Kosilnica

постељина за кревет
Rjuha

дека за кревет
Posteljno pregrinjalo

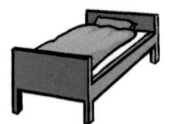

кревет
Postelja

метла
Metla

канта
Vedro

прекидач
Stikalo

дневна соба
Dnevna soba

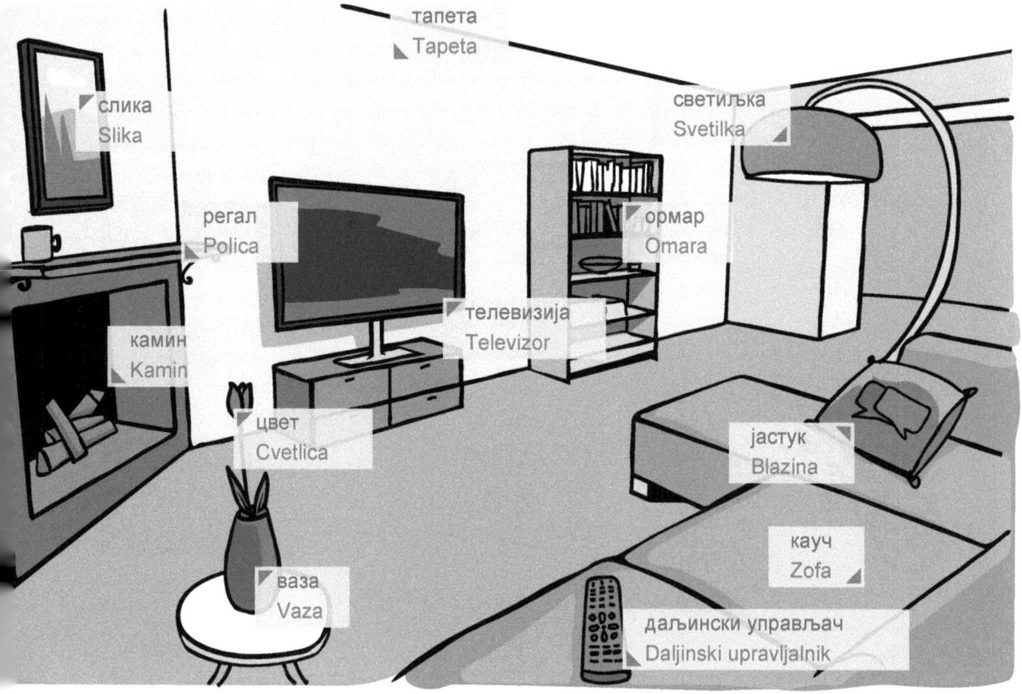

тапета
Tapeta
слика
Slika
светиљка
Svetilka
регал
Polica
ормар
Omara
телевизија
Televizor
камин
Kamin
цвет
Cvetlica
јастук
Blazina
кауч
Zofa
ваза
Vaza
даљински управљач
Daljinski upravljalnik

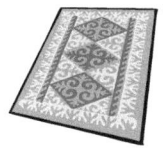

тепих
Preproga

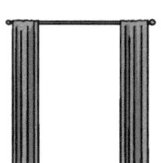

завеса
Zavesa

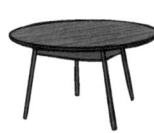

сто
Miza

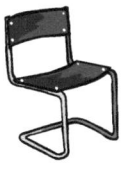

столица
Stol

столица за љихање
Gugalnik

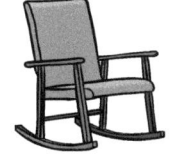

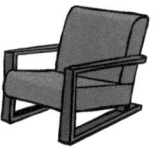

фотеља
Naslanjač

књига

Knjiga

дека

Odeja

декорација

Dekoracija

дрво за огрев

Drva

филм

Film

хи-фи уређај

Glasbeni stolp

кључ

Ključ

новине

Časopis

слика на платну

Slika

постер

Plakat

радио

Radio

блок за писање

Beležka

усисивач

Sesalnik

кактус

Kaktus

свећа

Sveča

кухиња
Kuhinja

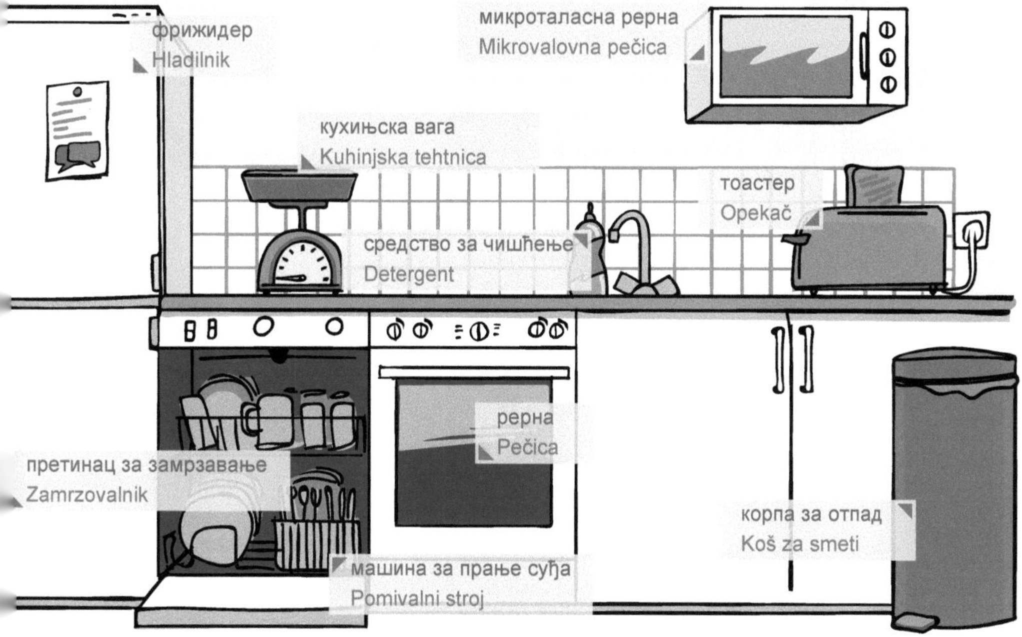
фрижидер
Hladilnik
микроталасна рерна
Mikrovalovna pečica
кухињска вага
Kuhinjska tehtnica
тоастер
Opekač
средство за чишћење
Detergent
рерна
Pečica
претинац за замрзавање
Zamrzovalnik
корпа за отпад
Koš za smeti
машина за прање суђа
Pomivalni stroj

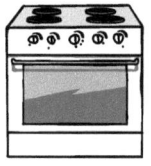

шпорет

Kozica

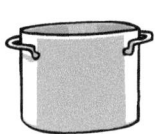

лонац

Lonec

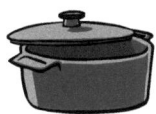

гвоздени лонац

Litoželezni lonec

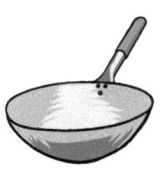

вок / кадаи

Vok / kadai

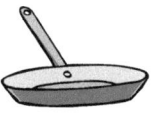

тава

Ponev

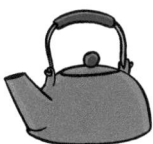

кувало за воду

Kotliček

кувало на пару

Parni kuhalnik

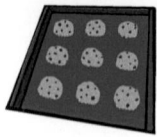

лим за печење

Pekač

посуђе

Posoda

чаша

Skodelica

посуда

Skleda

штапићи за јело

Jedilne paličice

кутлача

Zajemalka

лопатица

Lopatica

пењача

Metlica

сито за кување

Cedilnik

сито

Cedilo

рибеж

Strgalo

мужар

Možnar

роштиљ

Žar

огњиште

Ognjišče

даска

Deska za rezanje

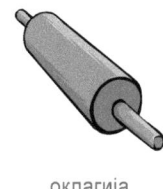

оклагија

Valjar

вадичеп

Odpirač za steklenice

конзерва

Pločevinka

отварач конзерви

Odpirač za konzerve

крпа за лонац

Prijemalka za posodo

судопер

Korito

четка

Ščetka

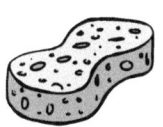

сунђер

Goba

миксер

Mešalnik

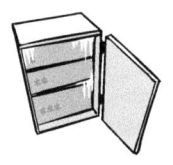

замрзивач

Zamrzovalna skrinja

флашица за бебе

Steklenička

славина за воду

Pipa

купаоница
Kopalnica

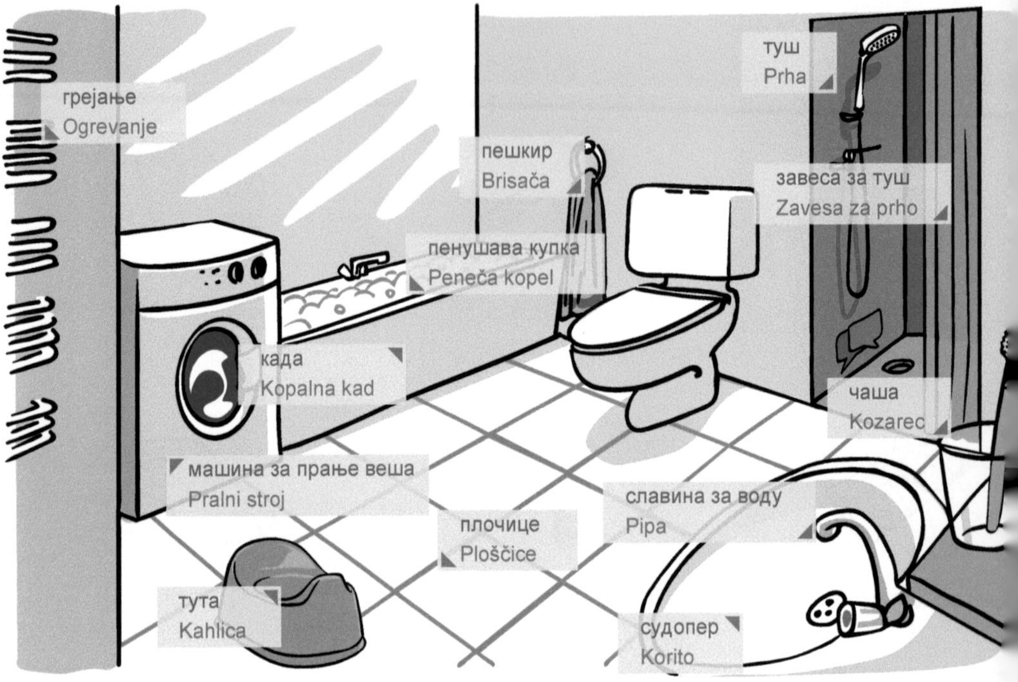

туш
Prha

грејање
Ogrevanje

пешкир
Brisača

завеса за туш
Zavesa za prho

пенушава купка
Peneča kopel

када
Kopalna kad

чаша
Kozarec

машина за прање веша
Pralni stroj

славина за воду
Pipa

плочице
Ploščice

тута
Kahlica

судопер
Korito

тоалет
Stranišče

чучавац
Stranišče na počer

бидет
Bide

писоар
Pisoar

тоалетни папир
Toaletni papir

четка за тоалет
Ščetka za straniščno školjko

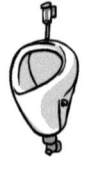

четкица за зубе

Zobna ščetka

паста за зубе

Zobna pasta

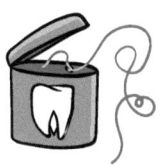

конац за зубе

Zobna nitka

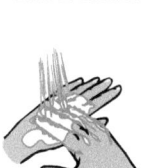

прати

Umiti se

туш ручица

Ročna prha

туш за прање интимних делова

Prha za intimne dele

лавор

Umivalnik

четка за прање леђа

Krtača za hrbet

сапун

Milo

гел за туширање

Gel za prhanje

шампон

Šampon

крпа за прање

Krpica za miljenje

одвод

Odtok

крема

Krema

дезодоранс

Deodorant

огледало

Ogledalo

козметичко огледало

Ročno ogledalo

бријач

Britvica

пена за бријање

Pena za britje

лосион за после бријања

Vodica po britju

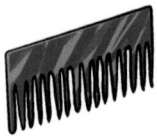

чешаљ

Glavnik

четка

Ščetka

фен за косу

Sušilnik za lase

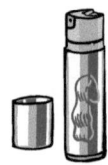

спреј за косу

Lak za lase

шминка

Ličila

руж за усне

Šminka

лак за нокте

Lak za nohte

вата

Vatirane blazinice

маказе за нокте

Škarjice za nohte

парфем

Parfum

козметичка торбица

Toaletna torbica

столица

Stol brez naslonjala

вага

Osebna tehtnica

огртач

Kopalni plašč

рукавице за чишћење

Gumijaste rokavice

тампон

Tampon

уложак

Damski vložki

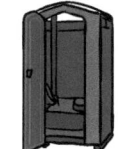

хемијски тоалет

Kemično stranišče

дечија соба
Otroška soba

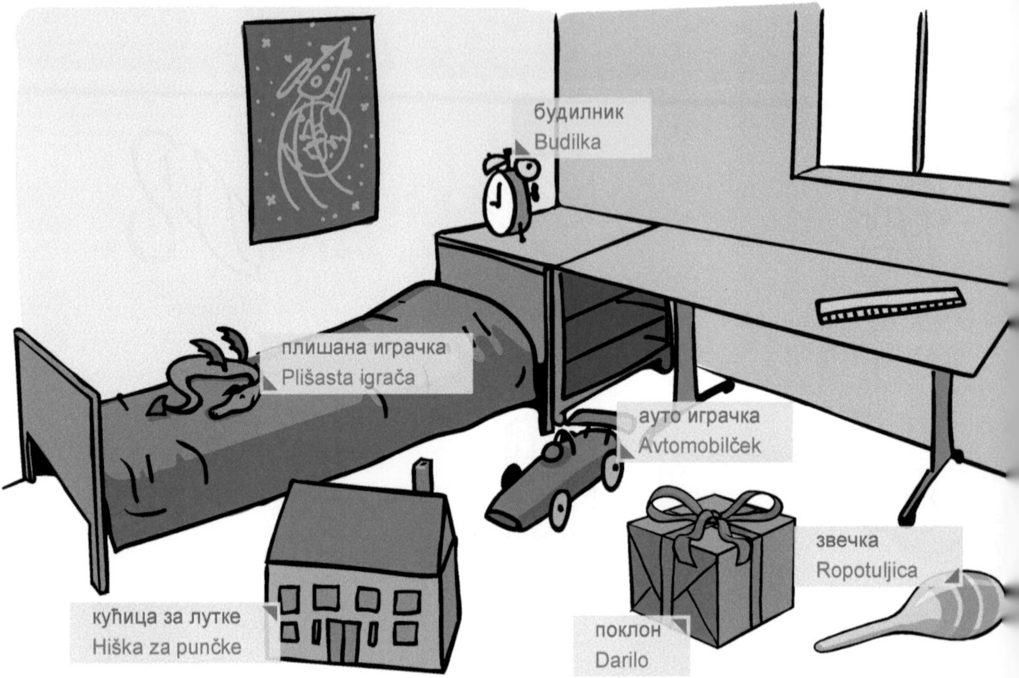
будилник
Budilka
плишана играчка
Plišasta igrača
ауто играчка
Avtomobilček
звечка
Ropotuljica
кућица за лутке
Hiška za punčke
поклон
Darilo

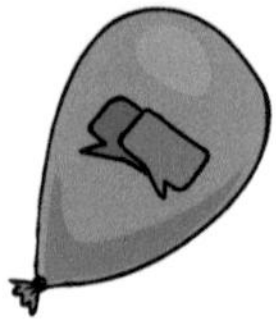

балон

Balon

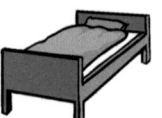

кревет

Postelja

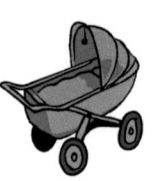

дјечија колица

Otroški voziček

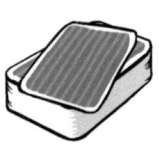

игра са картама

Igralne karte

слагалица

Sestavljanka

SUPER MEGA

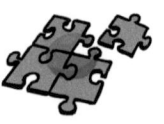

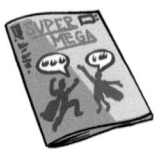

стрип

Strip

лего коцкице

Lego kocke

коцкице за слагање

Igralne kocke

акциони јунак

Akcijska figura

бенкица за бебе

Bodi

фризби

Frizbi

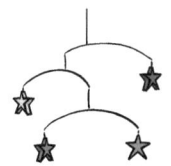

висеће играчке

Vrtiljak za posteljico

друштвене игре

Namizna igra

коцка

Kocka

минијатурна жељезница

Komplet modelov vlakov

дуда

Duda

забава

Zabava

сликовница

Slikanica

лопта

Žoga

лутка

Lutka

играти

Igrati se

пешчаник

Peskovnik

љуљачка

Gugalnica

играчка

Igrače

конзола за игре

Igralna konzola

трицикл

Tricikel

теди

Plišasti medvedek

ормар

Garderoba

одећа
Oblačilo

кратке чарапе

Nogavice

чарапе

Samostoječe nogavice

хулахопке

Hlačne nogavice

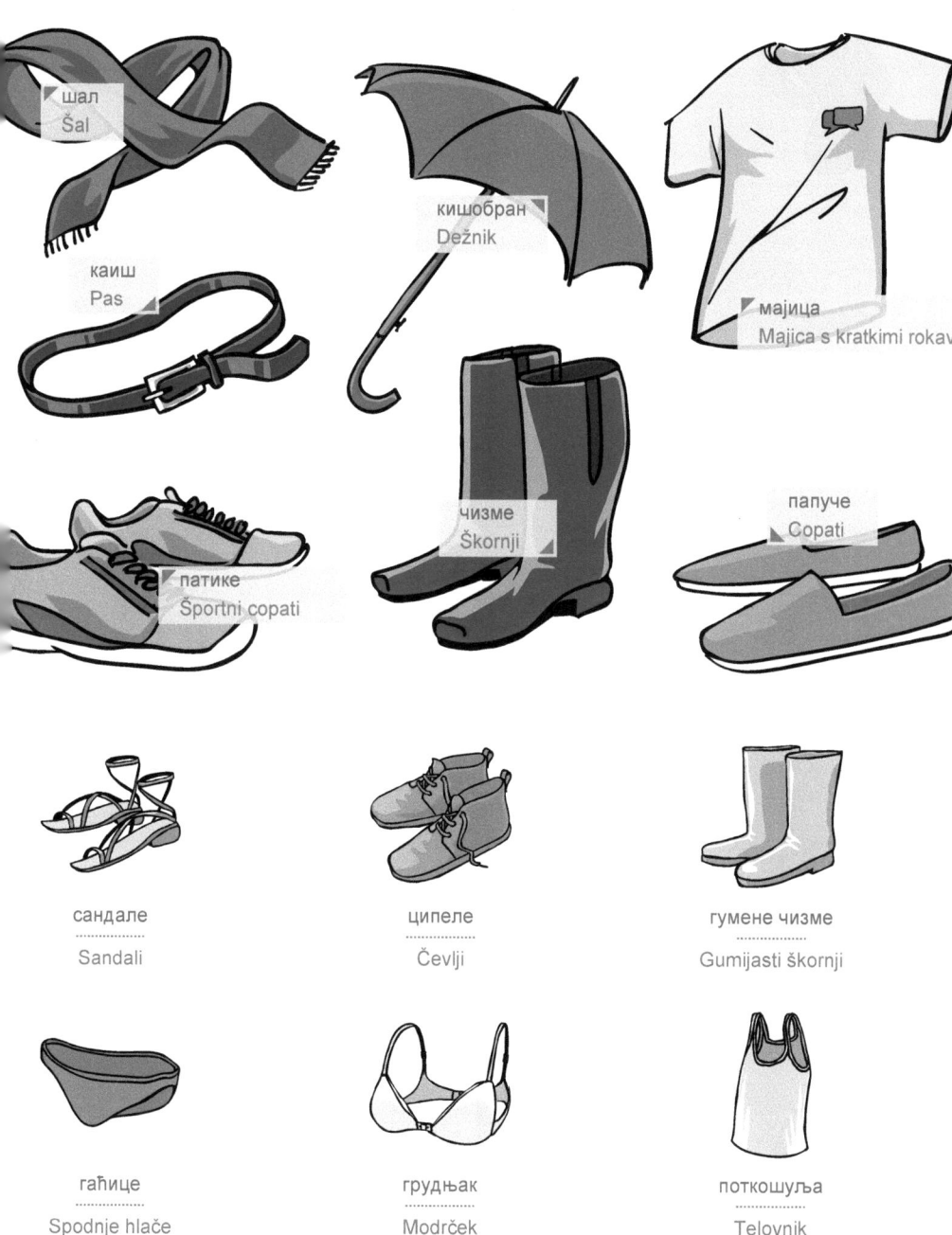

шал
Šal

кишобран
Dežnik

мајица
Majica s kratkimi rokavi

каиш
Pas

чизме
Škornji

папуче
Copati

патике
Športni copati

сандале
Sandali

ципеле
Čevlji

гумене чизме
Gumijasti škornji

гаћице
Spodnje hlače

грудњак
Modrček

поткошуља
Telovnik

боди

Bodi

панталоне

Hlače

фармерке

Kavbojke

сукња

Krilo

блуза

Bluza

кошуља

Srajca

џемпер

Pulover

џемпер с капуљачом

Pletena jopica

сако

Jopa

јакна

Jakna

мантил

Plašč

кабаница

Dežni plašč

костим

Kostim

хаљина

Obleka

венчаница

Poročna obleka

одело

Obleka

спаваћица

Spalna srajca

пиџама

Pižama

сари

Sari

марама за главу

Naglavna ruta

турбан

Turban

бурка

Burka

кафтан

Kaftan

абаја

Abaja

купаћи костим

Kopalke

купаће гаћице

Kopalne hlače

кратке панталоне

Kratke hlače

одећа за тренинг

Trenirka

кецеља

Predpasnik

рукавице

Rokavice

дугме

Gumb

наочаре

Očala

наруквица

Zapestnica

огрлица

Verižica

прстен

Prstan

наушница

Uhan

капа

Kapa

вешалица

Obešalnik

шешир

Klobuk

кравата

Kravata

патент затварач

Zadrga

кацига

Čelada

нараменице

Naramnice

школска униформа

Šolska uniforma

униформа

Uniforma

подбрадак

Slinček

дуда

Duda

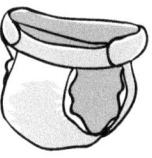

пелена

Plenica

канцеларија
Pisarna

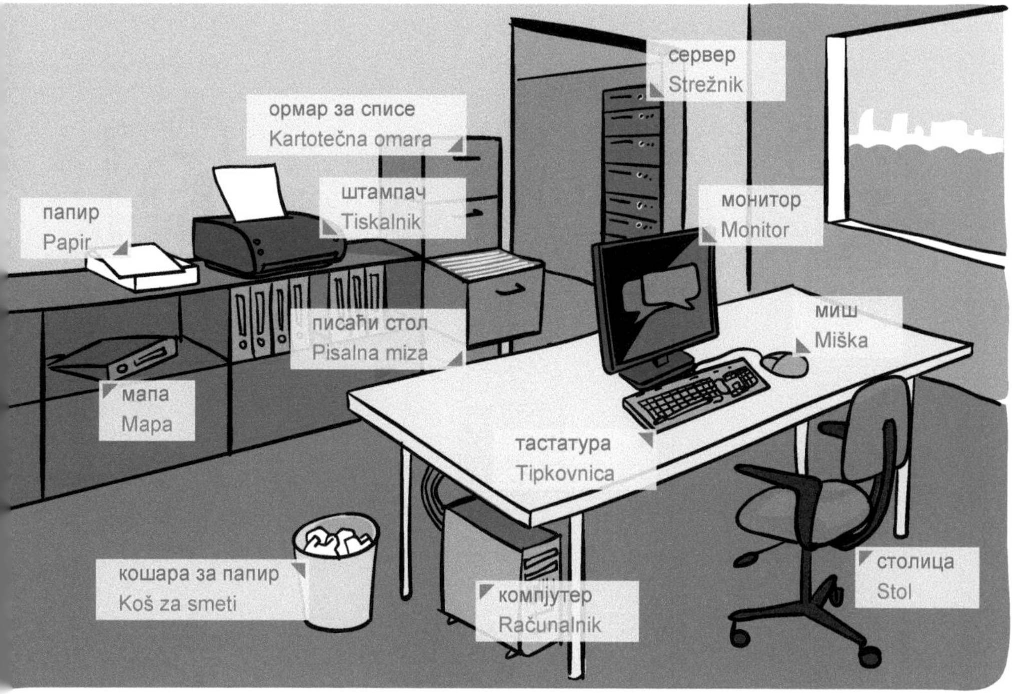

сервер
Strežnik

ормар за списе
Kartotečna omara

штампач
Tiskalnik

монитор
Monitor

папир
Papir

миш
Miška

писаћи сто
Pisalna miza

мапа
Mapa

тастатура
Tipkovnica

кошара за папир
Koš za smeti

столица
Stol

компјутер
Računalnik

шалица за каву

Lonček za kavo

калкулатор

Kalkulator

интернет

Internet

лаптоп

Prenosnik

писмо

Pismo

порука

Sporočilo

мобилни телефон

Mobilnik

мрежа

Omrežje

уређај за копирање

Kopirni stroj

софтвер

Programska oprema

телефон

Telefon

утичница

Vtičnica

факс

Telefaks

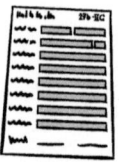

формулар

Obrazec

документ

Dokument

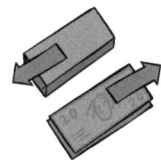

купувати

Kupiti

платити

Plačati

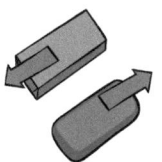

трговати

Trgovati

новац

Denar

долар

Dolar

евро

Evro

јен

Jen

рубља

Rubelj

швајцарски франак

Švičarski frank

ренминдби јуан

Kitajski juan renminbi

рупија

Rupija

аутомат за новац

Bankomat

мењачница

Menjalnica

злато

Zlato

сребро

Srebro

нафта

Nafta

енергија

Energija

цена

Cena

уговор

Pogodba

порез

Davek

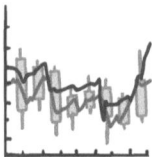

деонице

Delnice

радити

Delati

службеник

Delojemalec

послодавац

Delodajalec

фабрика

Tovarna

продавница

Trgovina

занимања
Poklici

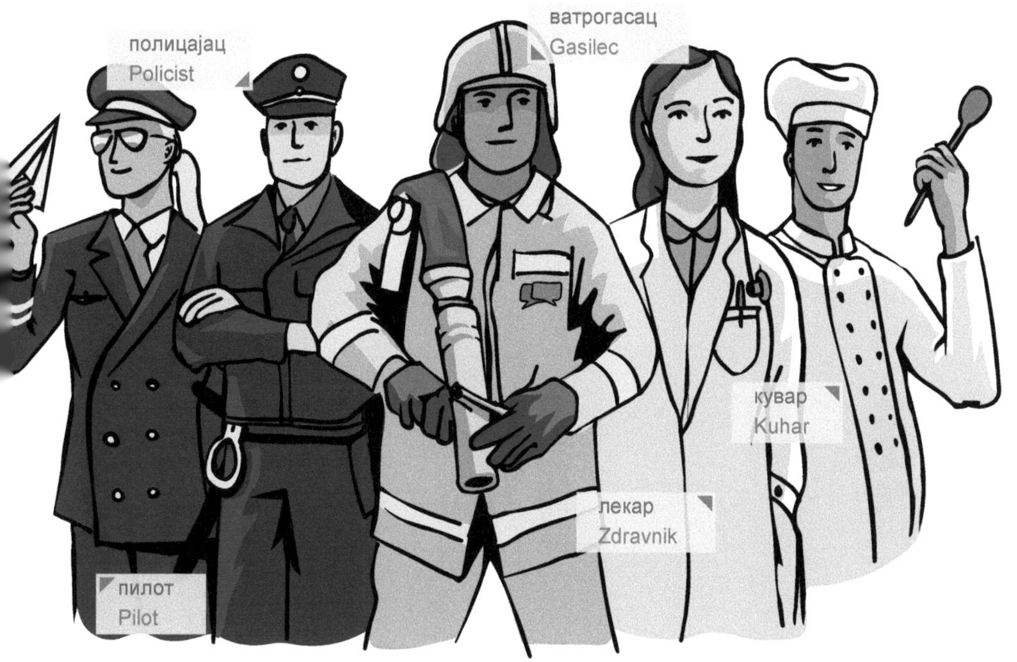
полицајац
Policist
ватрогасац
Gasilec
кувар
Kuhar
лекар
Zdravnik
пилот
Pilot

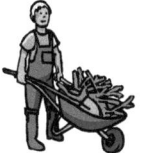

вртлар

Vrtnar

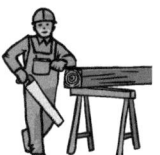

столар

Mizar

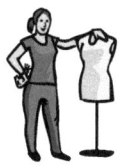

кројачица

Šivilja

судија

Sodnik

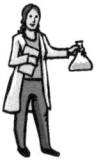

хемичар

Kemik

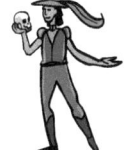

глумац

Igralec

возач аутобуса

Voznik avtobusa

возач таксија

Taksist

рибар

Ribič

чистачица

Čistilka

кровопокривач

Krovec

конобар

Natakar

ловац

Lovec

сликар

Pleskar

пекар

Pek

електричар

Električar

грађевински радник

Gradbenik

инжењер

Inženir

месар

Mesar

лимар

Vodovodni inštalater

поштар

Poštar

војник

Vojak

архитекта

Arhitekt

благајник

Blagajnik

цвећар

Cvetličar

фризер

Frizer

кондуктер

Sprevodnik

механичар

Mehanik

капетан

Kapitan

зубар

Zobozdravnik

научник

Znanstvenik

раби

Rabin

имам

Imam

монах

Menih

свећеник

Duhovnik

алати
Orodje

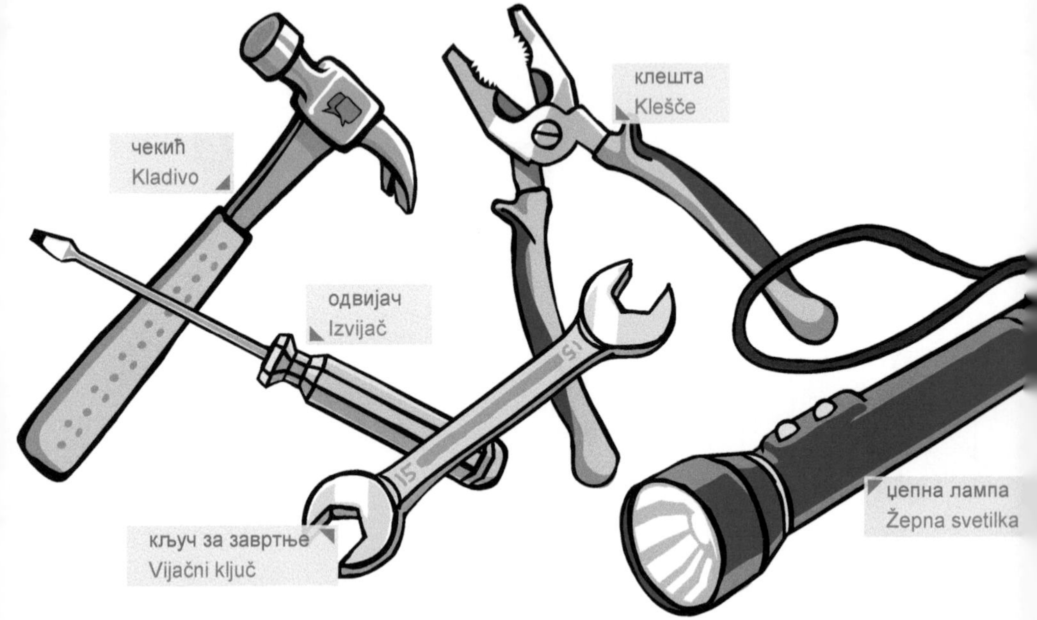
клешта
Klešče
чекић
Kladivo
одвијач
Izvijač
цепна лампа
Žepna svetilka
кључ за завртње
Vijačni ključ

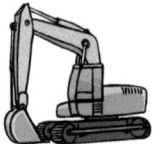

багер

Bager

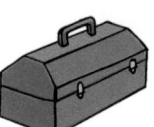

кутија за алат

Zaboj z orodjem

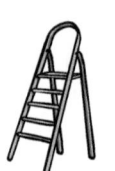

мердевине

Lestev

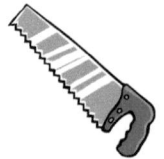

пила

Žaga

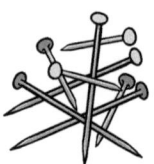

ексер

Žeblji

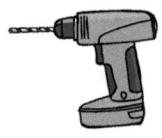

бушилица

Vrtalnik

поправити
Popraviti

лопата
Lopata

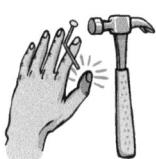

до ђавола!
Šment!

лопатица
Smetišnica

лонац за боју
Posoda z barvo

завртањи
Vijaki

музички инструмент

Glasbeni instrument

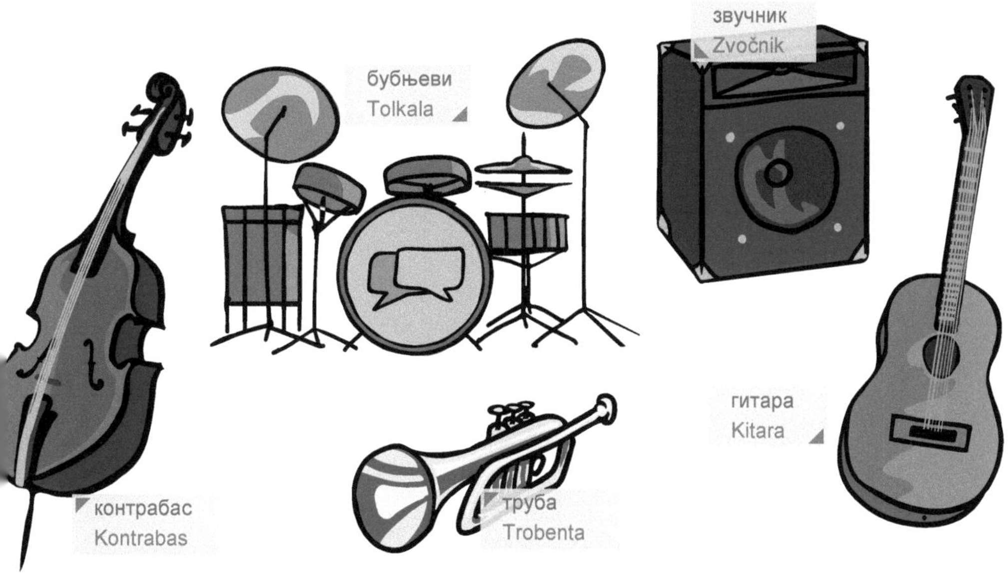

звучник
Zvočnik

бубњеви
Tolkala

гитара
Kitara

контрабас
Kontrabas

труба
Trobenta

клавир

Klavir

виолина

Violina

бас

Bas kitara

тимпани

Pavke

удараљке за бубњеве

Bobni

типке клавира

Sintetizator

саксофон

Saksofon

флаута

Flavta

микрофон

Mikrofon

зоолошки врт
Živalski vrt

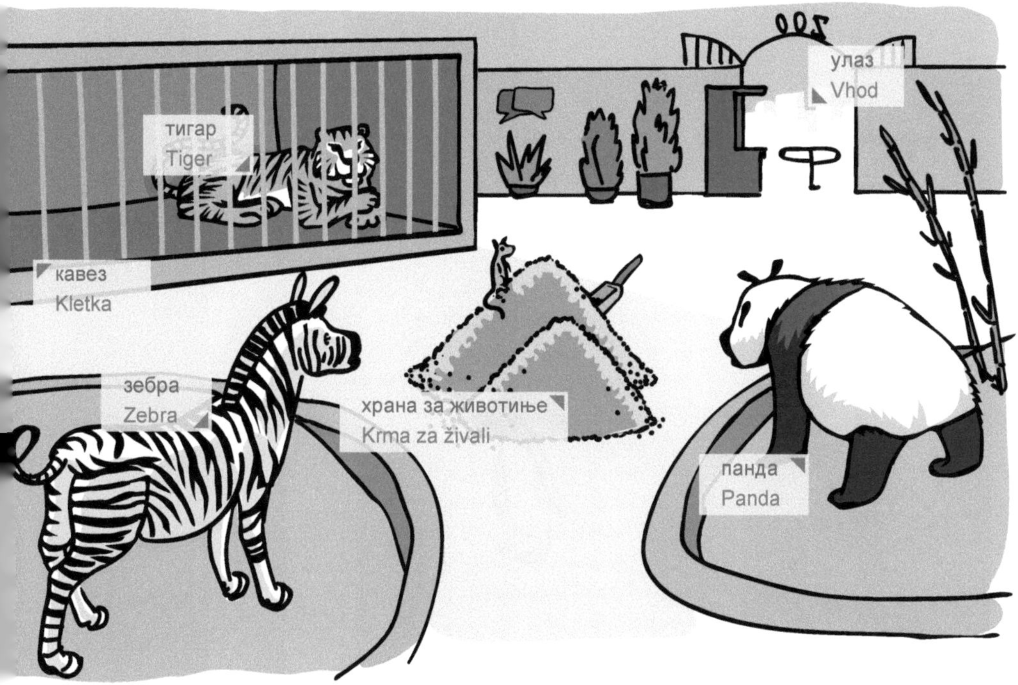

тигар
Tiger
кавез
Kletka
зебра
Zebra
храна за животиње
Krma za živali
улаз
Vhod
панда
Panda

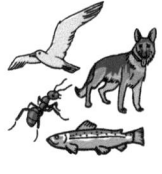

животиње

Živali

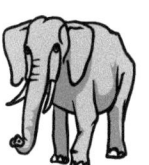

слон

Slon

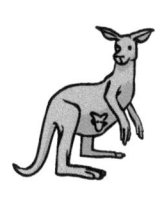

кенгур

Kenguru

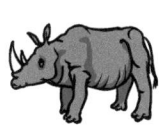

носорог

Nosorog

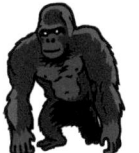

горила

Gorila

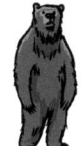

медвед

Medved

камила

Kamela

ној

Noj

лав

Lev

мајмун

Opica

фламинго

Plamenec

папагај

Papagaj

поларни медвед

Severni medved

пингвин

Pingvin

ајкула

Morski pes

паун

Pav

змија

Kača

крокодил

Krokodil

чувар у зоолошком врту

Oskrbnik v živalskem vrtu

туљан

Tjulenj

јагуар

Jaguar

пони
Poni

леопард
Leopard

нилски коњ
Povodni konj

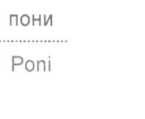

жирафа
Žirafa

орао
Orel

дивља свиња
Divji prašič

риба
Riba

корњача
Želva

морж
Mrož

лисица
Lisica

газела
Gazela

амерички ногомет
Ameriški nogomet

бициклизам
Kolesarjenje

тенис
Tenis

кошарка
Košarka

пливање
Plavanje

бокс
Boks

хокеј на леду
Hokej

фудбал

Nogomet

бадминтон

Badminton

атлетика

Atletika

рукомет

Rokomet

скијање

Smučanje

поло

Polo

активности
Dejavnosti

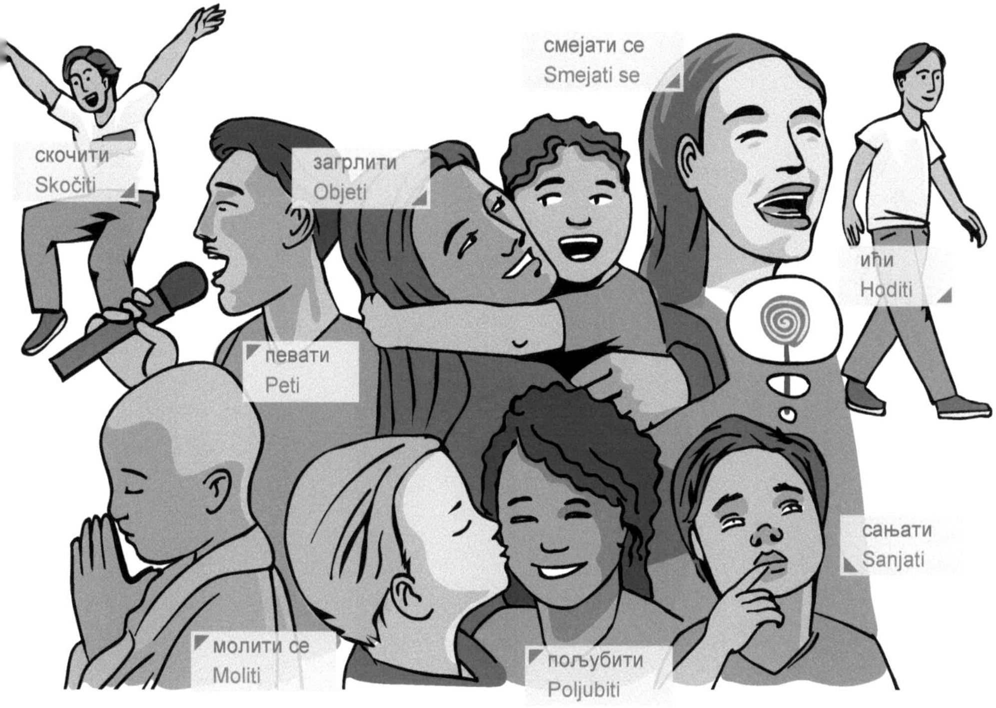
смејати се
Smejati se
скочити
Skočiti
загрлити
Objeti
ићи
Hoditi
певати
Peti
сањати
Sanjati
молити се
Moliti
пољубити
Poljubiti

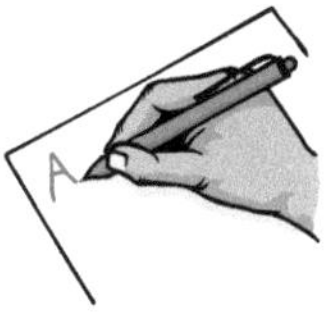
писати
Pisati

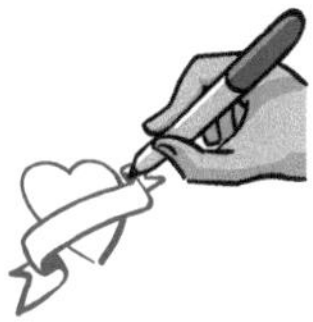
цртати
Risati

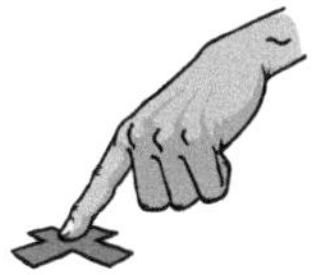
показати
Pokazati

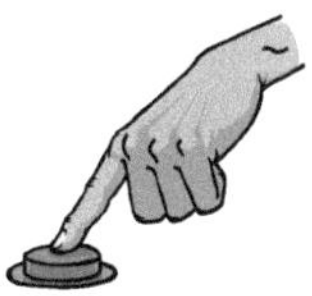
гурати
Potisniti

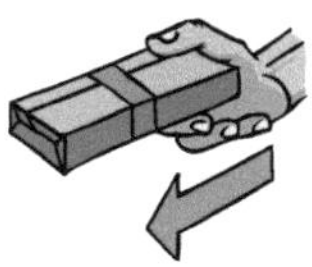
дати
Dati

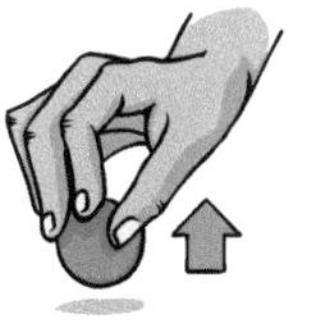
узети
Vzeti

имати
....
Imeti

чинити
....
Narediti

бити
....
Biti

стојати
....
Stati

трчати
....
Teči

повлачити
....
Vleči

бацити
....
Vreči

падати
....
Pasti

лежати
....
Ležati

чекати
....
Čakati

носити
....
Nositi

седити
....
Sedeti

облачити
....
Obleči se

спавати
....
Spati

пробудити се
....
Zbuditi se

гледати

Gledati

плакати

Jokati

миловати

Božati

чешљати

Česati se

говорити

Govoriti

разумети

Razumeti

питати

Vprašati

слушати

Poslušati

пити

Piti

јести

Jesti

поспремити

Pospraviti

волети

Ljubiti

кухати

Kuhati

возити

Voziti

летети

Leteti

пловити

Jadrati

рачунати

Računanje

читати

Brati

учити

Učiti se

радити

Delati

венчати се

Poročiti se

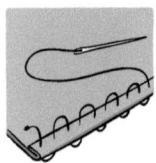

шити

Šivati

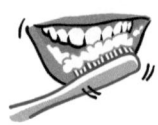

прати зубе

Ščetkati si zobe

убити

Ubiti

пушити

Kaditi

послати

Poslati

породица
Družina

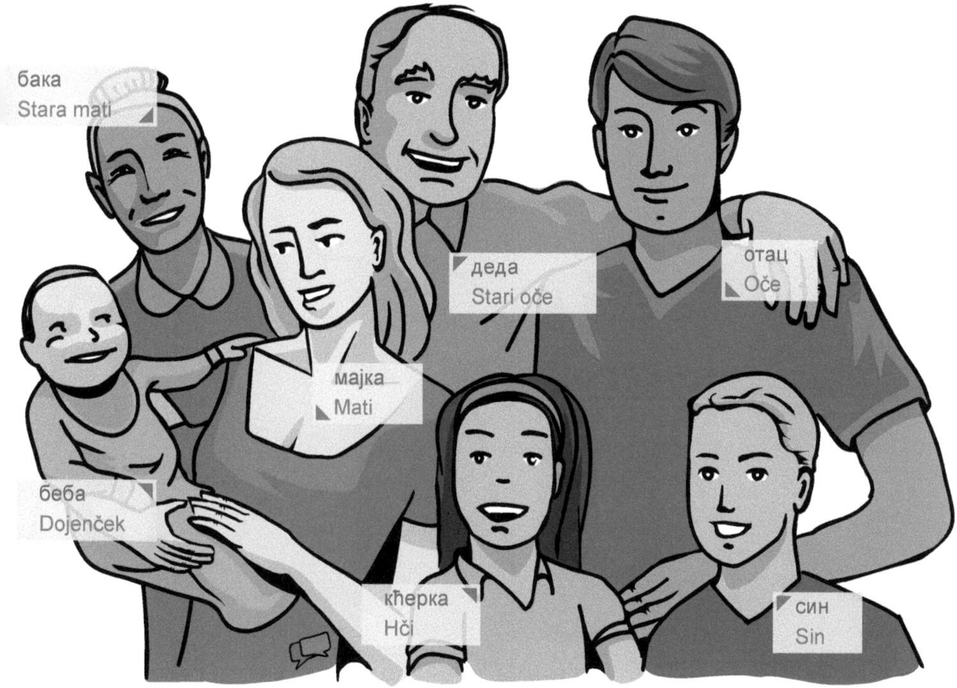

бака
Stara mati
деда
Stari oče
отац
Oče
мајка
Mati
беба
Dojenček
кћерка
Hči
син
Sin

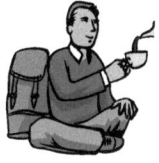

гост

Gost

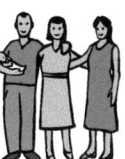

тетка

Teta

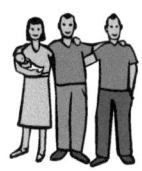

ујак, стриц

Stric

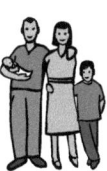

брат

Brat

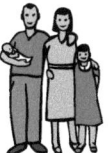

сестра

Sestra

тело
Telo

чело
Čelo
око
Oko
раме
Rama
прст
Prst
лице
Obraz
брада
Brada
рука
Dlan
нога
Noga
груди
Prsi
рука
Roka

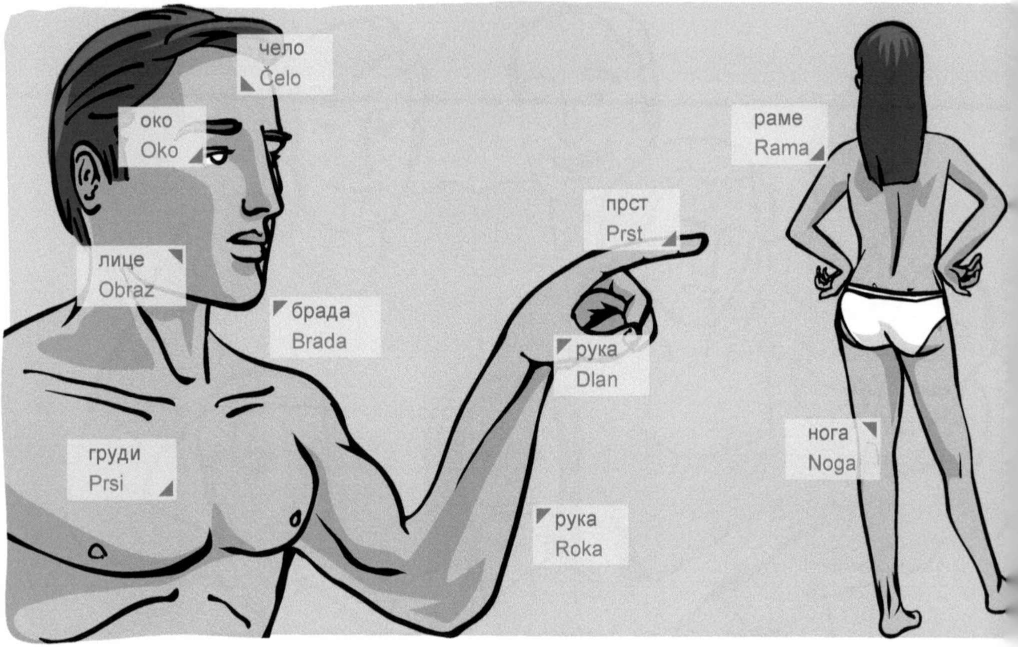

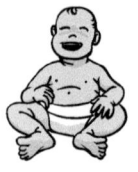

беба

Dojenček

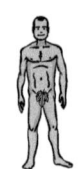

мушкарац

Človek

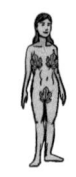

жена

Ženska

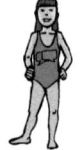

девојчица

Dekle

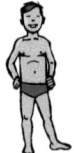

дечак

Fant

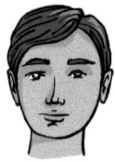

глава

Glava

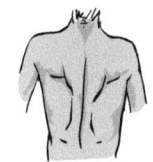

лећа

Hrbet

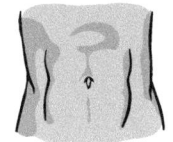

стомак

Trebuh

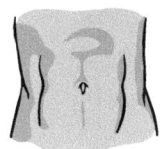

пупак

Popek

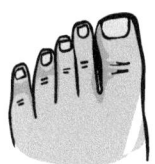

ножни прст

Prst na nogi

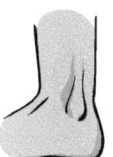

пета

Peta

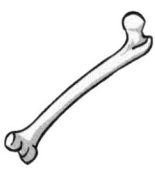

кост

Kost

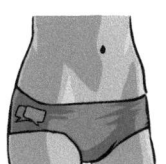

кукови

Kolk

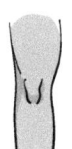

колено

Koleno

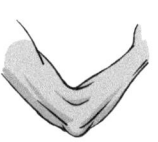

лакат

Komolec

нос

Nos

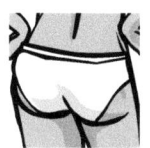

задњица

Zadnjica

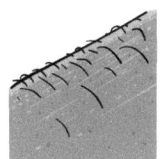

кожа

Koža

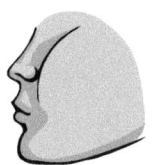

образ

Lice

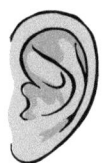

уво

Uho

усна

Ustnica

уста

Usta

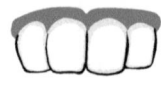

зуб

Zob

језик

Jezik

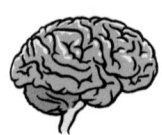

мозак

Možgani

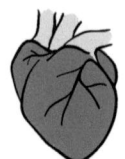

срце

Srce

мишић

Mišica

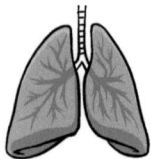

плућа

Pljuča

јетра

Jetra

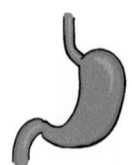

желудац

Želodec

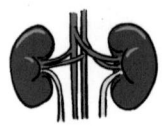

бубрези

Ledvice

полни однос

Spolni odnos

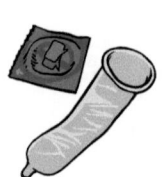

кондом

Kondom

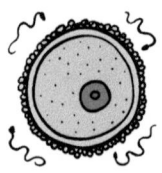

јајна ћелија

Jajčece

сперма

Semenska tekočina

трудноћа

Nosečnost

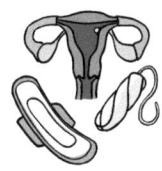

менструација

Menstruacija

вагина

Vagina

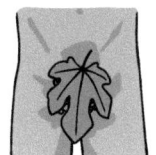

пенис

Penis

обрва

Obrv

коса

Lasje

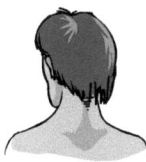

врат

Vrat

болница
Bolnišnica

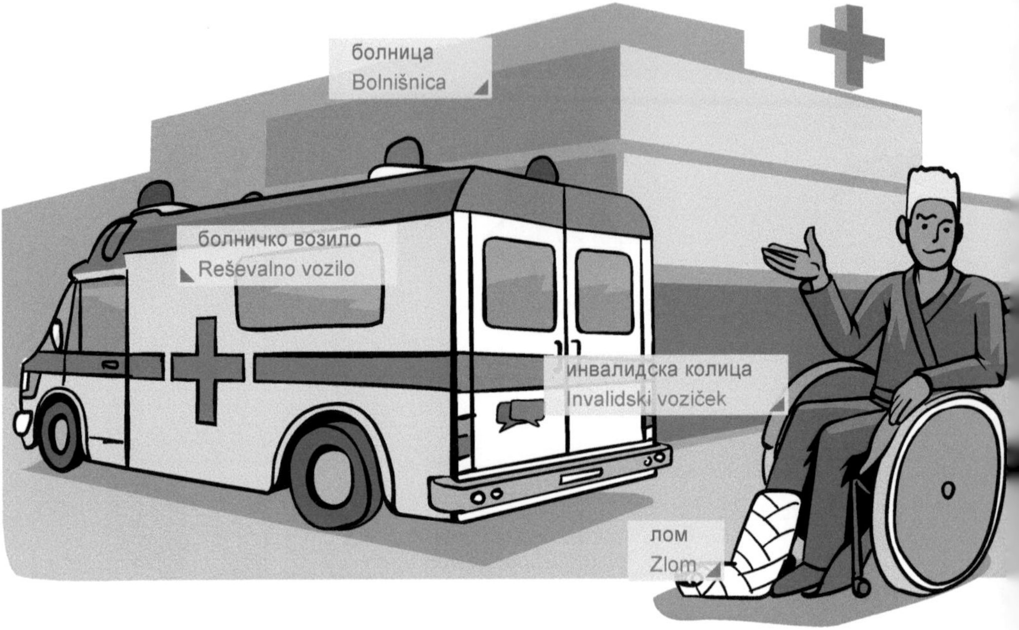

болница
Bolnišnica
болничко возило
Reševalno vozilo
инвалидска колица
Invalidski voziček
лом
Zlom

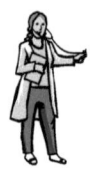

лекар

Zdravnik

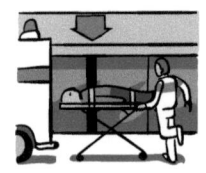

хитна медицинска служба

Urgenca

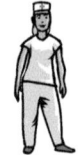

медицинска сестра

Medicinska sestra

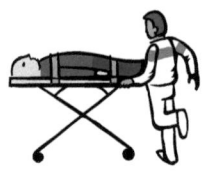

хитни случај

Nujni primer

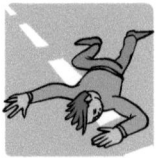

несвест

Nezavesten

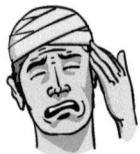

бол

Bolečina

повреда

Poškodba

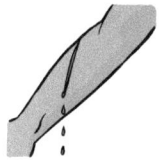

крварење

Krvavenje

срчани удар

Srčni infarkt

удар

Kap

алергија

Alergija

кашаљ

Kašelj

грозница

Vročina

грипа

Gripa

пролив

Driska

главобоља

Glavobol

рак

Rak

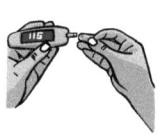

дијабетес

Sladkorna bolezen

хирург

Kirurg

скалпел

Skalpel

операција

Operacija

цт
CT

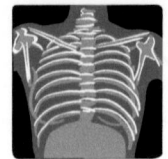

рентген
Rentgen

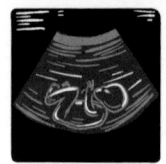

ултразвук
Ultrazvok

маска
Obrazna maska

болест
Bolezen

чекаона
Čakalnica

штака
Bergla

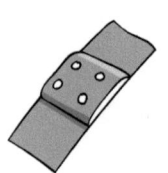

фластер
Obliž

завој
Preveza

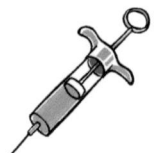

ињекција
Injekcija

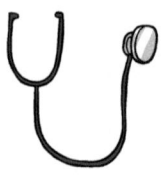

стетоскоп
Stetoskop

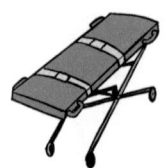

носила
Nosila

термометар
Klinični termometer

рођење
Porod

прекомерна тежина
Prekomerna teža

слушни апарат

Slušni pripomoček

средство за дезинфекцију

Razkužilo

инфекција

Okužba

вирус

Virus

хив / аидс

HIV / AIDS

медицина

Medicina

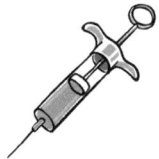

вакцинација

Cepljenje

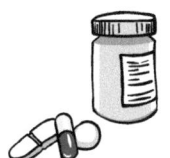

таблете

Tablete

пилула

Tableta

хитни позив

Klic v sili

уређај за мерење притиска

Merilnik krvnega tlaka

болесно / здраво

bolano / zdravo

помоħ!

Na pomoč!

аларм

Alarm

насртај

Napad

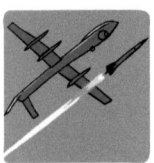

напад

Napad

опасност

Nevarnost

излаз у случају нужде

Izhod v sili

пожар!

Gori!

противпожарни апарат

Gasilni aparat

незгоца

Nezgoda

кутија прве помоħи

Komplet za prvo pomoč

сос

SOS

полиција

Policija

Европа

Evropa

Северна Америка

Severna Amerika

Јужна Америка

Južna Amerika

Африка

Afrika

Азија

Azija

Аустралија

Avstralija

Атлантик

Atlantski ocean

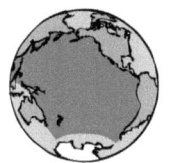

Пацифик

Tihi ocean

Индијски океан

Indijski ocean

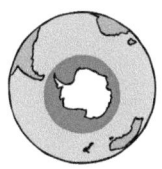

Антарктички океан

Južni ocean

Арктички океан

Arktični ocean

Северни рол

Severni tečaj

Јужни рол
·············
Južni tečaj

Антарктик
·············
Antarktika

земља
·············
Zemlja

земља
·············
Kopno

море
·············
Morje

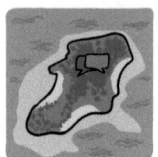

оток
·············
Otok

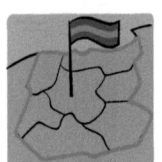

нација
·············
Narod

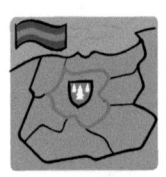

држава
·············
Država

брпјчаник сата
....
Številčnica

сатна казаљка
....
Urni kazalec

минутна казаљка
....
Minutni kazalec

секундна казаљка
....
Sekundni kazalec

Колико је сати?
....
Koliko je ura?

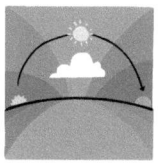

дан
....
Dan

време
....
Čas

сада
....
Zdaj

дигитални сат
....
Digitalna ura

минута
....
Minuta

час
....
Ura

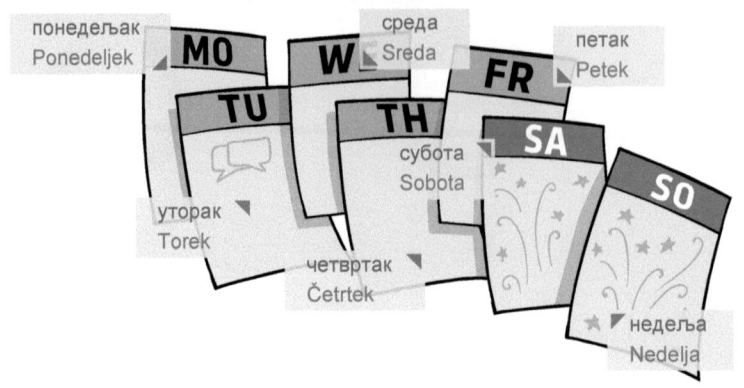

понедељак
Ponedeljek
MO

среда
Sreda
W

петак
Petek
FR

TU

TH

SA

уторак
Torek

субота
Sobota

четвртак
Četrtek

SO

недеља
Nedelja

јуче

Včeraj

данас

Danes

сутра

Jutri

јутро

Jutro

подне

Poldne

вече

Večer

MO	TU	WE	TH	FR	SA	SU
1	2	3	4	5	6	7
8	9	10	11	12	13	14
15	16	17	18	19	20	21
22	23	24	25	26	27	28
29	30	31	1	2	3	4

MO	TU	WE	TH	FR	SA	SU
1	2	3	4	5	6	7
8	9	10	11	12	13	14
15	16	17	18	19	20	21
22	23	24	25	26	27	28
29	30	31	1	2	3	4

радни дани

Delovni dnevi

викенд

Konec tedna

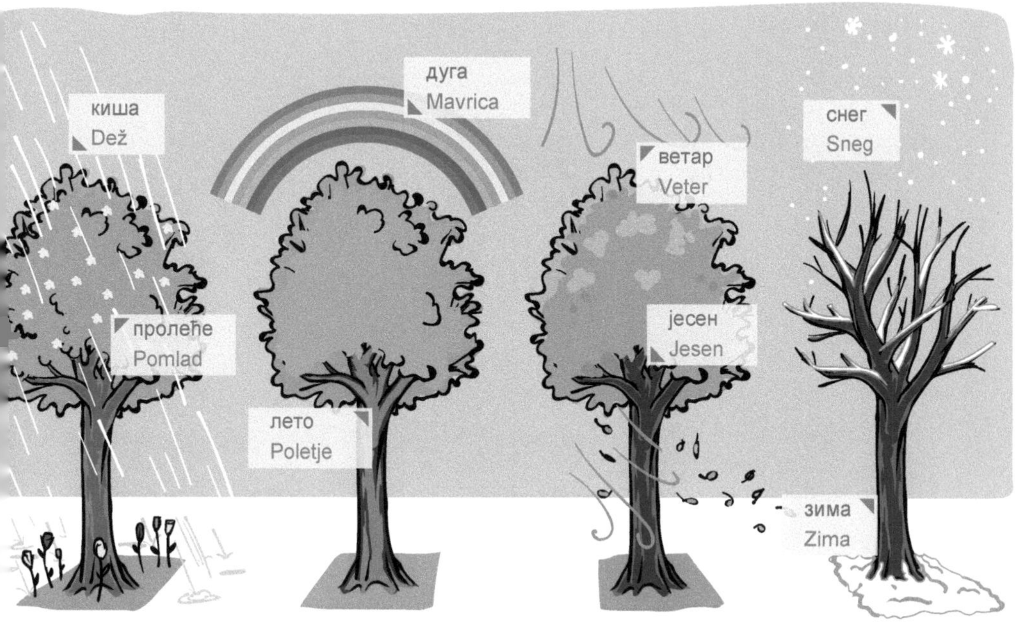

киша
Dež
дуга
Mavrica
снег
Sneg
ветар
Veter
пролеће
Pomlad
јесен
Jesen
лето
Poletje
зима
Zima

4.APRIL 11°
5.APRIL 4°
6.APRIL 13°
7.APRIL 8°
8.APRIL 10°

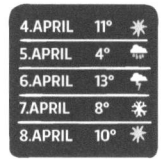

етеоролошка прогноза

Vremenska napoved

F C
120 40
90 30
60 20
30 10
0 0
-30 -10
-20

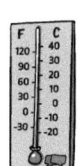

термометар

Termometer

сунчана светлост

Sončna svetloba

облак

Oblak

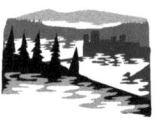

магла

Megla

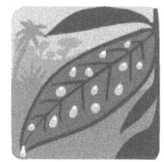

влажност ваздуха

Vlažnost

муња	грмљавина	олуја
Strela	Grom	Nevihta
	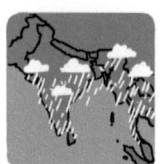	
туча	монсун	поплава
Toča	Monsun	Poplava

лед	јануар	фебруар
Led	Januar	Februar

март	април	мај
Marec	April	Maj
		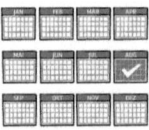
јуни	јули	август
Junij	Julij	Avgust

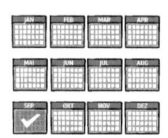

септембар
....
September

октобар
....
Oktober

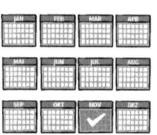

новембар
....
November

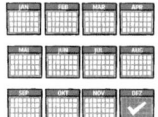

децембар
....
December

круг
....
Krogla

квадрат
....
Kvadrat

правоугао
....
Pravokotnik

троугао
....
Trikotnik

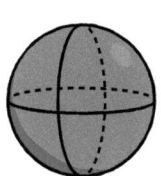

кугла
....
Krogla

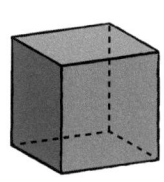

коцка
....
Kocka

бела
....
Bela

жута
....
Rumena

наранџаста
....
Oranžna

ружичаста
....
Rožnata

црвена
....
Rdeča

љубичаста
....
Vijolična

плава
....
Modra

зелена
....
Zelena

смеђа
....
Rjava

сива
....
Siva

црна
....
Črna

много / мало

veliko / malo

љутито / мирно

jezno / umirjeno

лепо / ружно

lepo / grdo

почетак / крај

začetek / konec

велико / малено

veliko / majhno

светло / тамно

svetlo / temno

брат / сестра

brat / sestra

чисто / прљаво

čisto / umazano

потпуно / непотпуно

popolno / nepopolno

дан / ноћ

dan / noč

мртво / живо

mrtvo / živo

широко / уско

široko / ozko

јестиво / нејестиво

užitno / neužitno

зло / добро

zlobno / prijazno

узбуђено / досадно

vznemirjeno / zdolgočaseno

дебело / мршаво

debelo / vitko

на почетку / на крају

prvo / zadnje

пријатељ / непријатељ

prijatelj / sovražnik

пуно / празно

polno / prazno

тврдо / мекано

trdo / mehko

тешко / лагано

težko / lahko

глад / жеђ

lakota / žeja

болесно / здраво

bolano / zdravo

илегално / легално

nezakonito / zakonito

паметно / глупо

pametno / neumno

лево / десно

levo / desno

близу / далеко

blizu / daleč

ново / половно
novo / rabljeno

ништа / нешто
nič / nekaj

старо / младо
staro / mlado

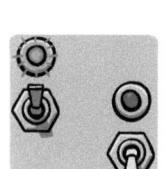

укључено / искључено
vklopljeno / izklopljeno

отворено / затворено
odprto / zaprto

тихо / гласно
tiho / glasno

богато / сиромашно
bogato / revno

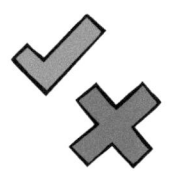

тачно / погрешно
prav / narobe

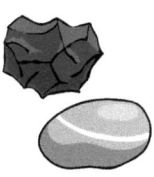

храпаво / глатко
grobo / gladko

тужно / сретно
žalostno / veselo

кратко / дуго
kratko / dolgo

полако / брзо
počasi / hitro

мокро / сухо
mokro / suho

топло / хладно
toplo / hladno

рат / мир
vojna / mir

0

нула

Ničla

1

jедан

Ena

2

два

Dva

3

три

Tri

4

четири

Štiri

5

пет

Pet

6

шест

Šest

7

седам

Sedem

8

осам

Osem

9

девет

Devet

10

десет

Deset

11

jеданаест

Enajst

12	**13**	**14**
дванаест	тринаест	четрнаест
Dvanajst	Trinajst	Štirinajst

15	**16**	**17**
петнаест	шестнаест	седамнаест
Petnajst	Šestnajst	Sedemnajst

18	**19**	**20**
осамнаест	деветнаест	двадесет
Osemnajst	Devetnajst	Dvajset

100	**1.000**	**1.000.000**
стотину	хиљаду	милион
Sto	Tisoč	Milijon

енглески

Angleščina

амерички енглески

Ameriška angleščina

мандарински кинески

Mandarinščina

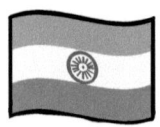

хиндски

Hindujščina

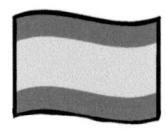

шпански

Španščina

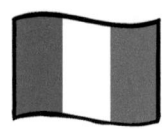

француски

Francoščina

арапски

Arabščina

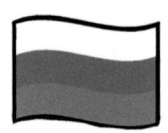

руски

Ruščina

португалски

Portugalščina

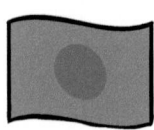

бенгалски

Bengalščina

немачки

Nemščina

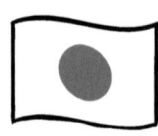

јапански

Japonščina

ја
Jaz

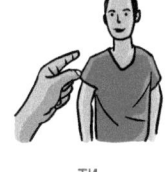

ти
Ti

он / она / оно
On / ona / tisto

ми
Mi

ви
Vi

они
Oni

Ко?
Kdo?

Шта?
Kaj?

Како?
Kako?

Где?
Kje?

Када?
Kdaj?

име
Ime

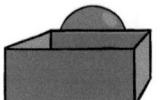

иза

Zadaj

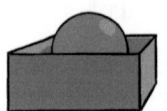

у

V

испред

Pred

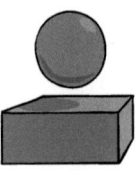

преко

Nad

на

Na

испод

Pod

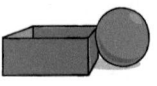

поред

Poleg

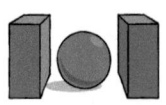

између

Med

место

Kraj